Bibliografische Information der Deutschen Nationalbibliothek:

Die Deutsche Bibliothek verzeichnet diese Publikation in der Deutschen National-
bibliografie; detaillierte bibliografische Daten sind im Internet über http://dnb.d-
nb.de/ abrufbar.

Impressum:

Copyright © 2015 GRIN Verlag, Open Publishing GmbH
Druck und Bindung: Books on Demand GmbH, Norderstedt Germany
ISBN: 978-3-668-08455-1

Dieses Buch bei GRIN:

http://www.grin.com/de/e-book/310100/das-scheitern-der-weimarer-republik-
geschichte-11-klasse

Anabela Miller

Das Scheitern der Weimarer Republik (Geschichte, 11. Klasse)

Warum versagte die erste deutsche Demokratie?

GRIN Verlag

GRIN - Your knowledge has value

Der GRIN Verlag publiziert seit 1998 wissenschaftliche Arbeiten von Studenten, Hochschullehrern und anderen Akademikern als eBook und gedrucktes Buch. Die Verlagswebsite www.grin.com ist die ideale Plattform zur Veröffentlichung von Hausarbeiten, Abschlussarbeiten, wissenschaftlichen Aufsätzen, Dissertationen und Fachbüchern.

Besuchen Sie uns im Internet:

http://www.grin.com/

http://www.facebook.com/grincom

http://www.twitter.com/grin_com

Universität Stuttgart

Institut für Erziehungswissenschaft

Abteilung Pädagogik

„Unterricht planen, durchführen und reflektieren"

„Ausführlicher Unterrichtsentwurf zum Thema:

Das Scheitern der Weimarer Republik – warum versagte

die erste deutsche Demokratie?"

1. Geschichte (04)

2. Deutsch (03)

Studienabschluss: Lehramt

Stuttgart, 31. August 2015

Inhaltsverzeichnis

1. Überlegungen zu den Lernvoraussetzungen

1.1 Äußere Bedingungen

Die vorliegende Unterrichtseinheit wurde für die elfte Klasse des xxxxxxxxxxxx-Gymnasiums in xxxxxxxxxxxxxxx entwickelt. Die Klasse besteht aus 23 SuS., darunter 11 Jungen und 12 Mädchen. Sie besteht seit der fünften Klasse und ist, bis auf wenige Abgänge, in der Konstellation gleichgeblieben. Das Klassenzimmer bietet reichlich Platz für die Schülerzahl und beinhaltet eine Tafel, einen Overheadprojektor und einen Beamer. Dadurch wird der Einsatz von modernen Unterrichtsmethoden ermöglicht, in denen die frontale Unterrichtssituation aufgelöst werden kann. Die Aussicht streckt sich über den naheliegenden Park ins Grüne.

Das Klassenklima ist sehr angenehm. Sowohl das Verständnis der SuS. untereinander, als auch das Verhältnis zwischen Schüler und Lehrer ist sehr gut und vertrauensvoll. Seit Schuljahresbeginn wird im Fach Geschichte lehrplankonform vorgegangen. Somit sind die für die Unterrichtsstunde relevanten inhaltlichen Grundlagen vorhanden.

1.2 Innere Bedingungen

Mit zwei Wochenstunden findet der Unterricht mittwochs im Klassenzimmer 104 statt. Die Unterrichtszeit beträgt 60 Minuten. Die Ausweitung der normalen Unterrichtsstunde ist für die geplante handlungsorientierte und schüleraktive Erarbeitung nötig. Weiterhin ist zu anzumerken, dass im Geschichtsunterricht Diskussionen wünschenswert sind, welche auch die nötige Zeit erfordern.

2. Didaktische Überlegungen

2.1 Allgemeine didaktische Überlegungen und Bezug zum Bildungsplan

Die Unterrichtsstunde fällt unter die Lehrplaneinheit 2. DEUTSCHLAND IM SPANNUNGSFELD ZWISCHEN DEMOKRATIE UND DIKTATUR. Das Grobziel des Bildungsplans lautet: „Die Schülerinnen und Schüler können, die Kräfte und Gegenkräfte im Ringen um Verfassungsstaat, demokratische Partizipation und nationale Einigung untersuchen und an ausgewählten Beispielen zentrale Elemente der politischen Systeme zwischen 1848 und 1933 herausarbeiten; innen- und außenpolitische Belastungsfaktoren der Weimarer Republik erläutern sowie daraus die Bedingungen für Machtübertragung und „Gleichschaltung" ableiten;."[1]

Für die Unterrichtseinheit scheint folgende Struktur sinnvoll. Zunächst werden die anfänglichen Belastungen der Weimarer Republik behandelt. Hier wird nun thematisiert, dass die Gründung aus einer Kriegsniederlage folgte, welche Anforderungen des Auslands mit sich brachten. Dabei wird auf den Versailler Vertrag eingegangen. Auch innenpolitische Probleme werden angesprochen.

Anschließend werden die Gründe das Scheitern in zwei Aspekte aufgeteilt, in den gesellschaftlichen und wirtschaftlichen Aspekt. Darunter tauchen wichtige Begriffe auf, die im nächsten Kapitel zu betrachten sind. Aus diesem zweiten Aspekt, soll geschlossen werden, welche Lehren man aus dem „Versagen" der Weimarer Republik ziehen kann.

Zur nächsten Unterrichtseinheit sollen dann die Präsidialkabinette besprochen werden. Ebenso sollen Hitlers Weg zur Macht und die NS-Ideologie in den darauffolgenden Stunden vertieft werden.

---

[1] Bildungsplan 2004. Allgemein bildendes Gymnasium. S. 227.

2.2 Die Stundenziele

Ziel dieser Unterrichtsstunde ist es, den SuS. explizit zu vermitteln, wie sich die zwei Gründe „antidemokratische Gesellschaft" und „Weltwirtschaftskrise" auf das Scheitern der Weimarer Republik ausgewirkt haben.

Allgemeine Schlüsselqualifikationen:

Die SuS. sollen …

- in Teamfähigkeit und Kommunikationsfähigkeit durch Gruppenarbeitsprozesse gefördert werden,
- ihre Fähigkeit in der Präsentation der Ergebnisse und in Erklärungen schulen,
- in ihrer Interpretationsfähigkeit von Ergebnissen gestärkt werden,
- die Konsensfähigkeit in der Gruppe schulen.

Fachliche Lernziele:

Die SuS. …

- vertiefen ihre Kenntnisse für die Interpretation von Karikaturen.
- können die zwei Gründe „antidemokratische Gesellschaft" und „Weltwirtschaftskrise" für das Scheitern der Weimarer Republik nennen.
- können die Einflüsse auf das Scheitern gewichten und nennen.
- sind in der Lage sich durch die Gewichtung der Gründe ein differenziertes Urteil zu bilden.

Verhaltensziel:

Die SuS. sollen erkennen, dass wir in der Gegenwart immer aus der Geschichte lernen können bzw. gelernt haben. Sie betrachten die damaligen Geschehnisse aus heutiger Sicht und gelangen so zu einem differenzierten Gesamturteil.

3. Sachanalyse

Wichtige Geschehnisse wie die Oktoberreform und Novemberrevolution 1919 wurden vorher mit den SuS. thematisiert. Folgendes ist den SuS. bereits aus dem Unterricht bekannt und soll mit dieser Einheit spezifischer in die Thematik eingehen.

Mit der Unterzeichnung des Waffenstillstandes des Ersten Weltkriegs, war das Deutsche Reich erstmals mit einer parlamentarischen Regierung ausgestattet. Durch den Rücktritt des Kaisers und aller Fürsten war es eine Republik geworden.[2] „Das Deutsche Reich ist eine Republik. Die Staatsgewalt geht vom Volke aus. [...]"[3] Der liberale Charakter der Verfassung wurde am stärksten im Wahlrecht aufgezeigt. Während im Reich von einem einzigen Wahlkörper gesprochen wurde, ist jetzt von Verhältniswahlrecht die Rede. Ein wichtiger Bestandteil der Innenpolitik der Weimarer Republik zeichnete sich durch die Notverordnungen nach Artikel 48 aus.[4]

In der Außenpolitik hatte es die erste deutsche Republik von Anfang an schwer. Zur größten Belastung der Republik wurde der von der Alleierten ausgearbeitete „Versailler Friedensdiktat". Der Vertrag zerstörte alle Hoffnungen des deutschen Volkes: rund ein Siebtel des Landes und ein Zehntel der Bevölkerung waren abzutreten. Für das Volk besonders schmerzhaft und erniedrigend – Artikel 231 des Versaillers Vertrag, welcher Deutschland und seinen Verbündeten die alleinige Kriegsschuld zuwies.[5] „Welche Hand müsste nicht verdorren, die sich und uns in solche Fesseln legte?" Diese Rede vom Ministerpräsident Scheidemann spiegelt die Stimmungslage im Reich wider.[6]

Die Wirtschaft der Weimarer Republik hatte sich vermeintlich, in der zweiten Hälfte der 1920er-Jahre, erholt. Allerdings hatten Kredite, insbesondere aus den USA, die Auslandsverschuldung in die Höhe getrieben und führten letztendlich am Schwarzen Freitag zum Ausbruch der Weltwirtschaftskrise. Diese löste Massenarbeitslosigkeit aus, welche soziale und politische Folgen mit sich brachte. Der gegebene Anlass der Arbeitslosigkeit trieb das Volk, vor allem die Jugend welche die Wirtschaftskrise als Lebenskatastrophe erfuhr, anderen Parteien anzugehören. Im Jahr 1930 scheitert die Große Koalition angesichts der zuspitzenden Krise unter dem Druck der Gewerkschaften einerseits und der Arbeitgeber andererseits. Die Präsidialkabinette wurden von dem

---

[2] Vgl.: Kursbuch Geschichte. Oberstufe Baden-Württemberg. 1. Aufl. Cornelsen Verlag, Berlin 2002. S.193.
[3] Art. 1 aus der Weimarer Reichsverfassung (WRV) von 1919. In: Ebd. S.207.
[4] Vgl.: Mickel/ Wiegand (Hrsg.): Geschichte, Politik und Gesellschaft. Lern- und Arbeitsbuch für Geschichte in der gymnasialen Oberstufe, Band 1. 3.Aufl. Cornelsen Verlag, Berlin 1988. S. 270.
[5] Vgl.: Kochendörfer (Hrsg.): Geschichte und Geschehen. Berufliche Gymnasien.1.Aufl. Ernst Klett Verlag, Stuttgart 2008. S. 112.
[6] Vgl.: Kursbuch Geschichte. Oberstufe Baden-Württemberg. 1. Aufl. Cornelsen Verlag, Berlin 2002. S.210.

Reichspräsidenten Hindenburg (nach Art. 48) besetzt. Der erste geeinigte Reichskanzler war Heinrich Brüning.[7]

Das Scheitern der parlamentarischen Demokratie wurde mit der Berufung von Papens im Jahr 1932 besiegelt. Im sogenannten „Kabinett der nationalen Konzentration" war weder Arbeiterschaft noch der Mittelstadt vertreten. Das neue Präsidialkabinett besaß von Anfang an keine parlamentarische Unterstützung und suchte deshalb Tolerierung durch die Nationalsozialisten. Darauffolgend wurden Reichstag und SA-Verbot aufgelöst.[8]

---

[7] Vgl.: Kursbuch Geschichte. Oberstufe Baden-Württemberg. 1. Aufl. Cornelsen Verlag, Berlin 2002. S.225-237.
[8] Vgl.: Mickel/ Wiegand (Hrsg.): Geschichte, Politik und Gesellschaft. Lern- und Arbeitsbuch für Geschichte in der gymnasialen Oberstufe, Band 1. 3.Aufl. Cornelsen Verlag, Berlin 1988. S. 312-313.

4. Methodische Überlegungen

Zum Einstieg dient eine Karikatur (Republik: „Sie tragen die Buchstaben der Firma – aber wer trägt den Geist?") als Konfrontation. Durch die Bearbeitung der Karikatur soll auf das Thema des Unterrichts hingeführt werden und ein Problembewusstsein geschaffen werden. Die Erarbeitung wird in einem fragend entwickelnden Unterrichtsgespräch vollzogen.

In der nächsten Phase, werden handlungsorientiert die wirtschaftlichen und gesellschaftlichen Aspekte, welche für das Scheitern der Weimarer Republik verantwortlich sind, bearbeitet. Hierzu ist eine dreigliedrige Gruppenarbeit angesetzt, in der sich die SuS. das Wesentliche anhand der Arbeits- und Aufgabenblättern erarbeiten sollen. Die Kontrollgruppen kommen zum Einsatz, wenn Ergebnisse ergänzt oder berichtigt werden müssen. Die Lernziele der Gruppenarbeit sind zum einen, aktiv neue Wissensbereiche zu erarbeiten, zum anderen sollen die SuS. erkennen das alle Teilnehmer (auch leistungsschwächere) einen Beitrag einbringen können.[9]

Nach der Beendigung der Gruppenarbeit findet die Präsentation der Ergebnisse am OHP statt bzw. für Gruppe 3 auf der Metaplanwand. Bei der Präsentation hält sich die Lehrerin zurück und greift nur ein, wenn etwas korrigiert oder vervollständigt werden muss. Damit soll den SuS. klar werden, dass ihre Arbeit wichtig ist. Ein richtiges Ergebnis wirkt sich auch positiv auf das Selbstvertrauen der SuS. aus. Abhängig von den Schülerergebnissen, gibt die Lehrerin Impulse zu einem möglichen Diskurs und lenkt die Aufmerksamkeit der SuS. auf bestimmte Punkte der Ergebnisse.

Anschließend werden die Ergebnisse in Stichworten zu einem Tafelanschrieb zusammengeführt. Die SuS. sollen nun, die erarbeiteten Gründe an der Tafel gewichten. Jede/r SuS. bekommt drei rote Punkte, die er/sie auf die Gründe verteilen kann. Dafür ist eine Metaplanwand vorbereitet. Die Schüler sollen hierbei auch ihre Verteilung begründen.

Falls noch genügend Zeit bleibt sollen die SuS. zu den genannten Gründen an der Tafel ein Bezug zu heute ziehen und sich überlegen, welche Tatsachen heute auf die Bundesrepublik Deutschland zutreffen. Die SuS. sollen dadurch zu einer differenzierten Urteilsbildung kommen.

Beendet wird die Stunde mit der Frage, ob die Weimarer Republik tatsächlich „versagt" hat. Hier haben die SuS. die Möglichkeit ihr gelerntes anzuwenden und dadurch auch auf diese Frage qualifiziert zu antworten. Durch die Beantwortung der Frage findet eine Wiederholung und gleichzeitig eine Abrundung der Stunde statt.

---

[9] Hugenschmidt/ Technau: Methoden schnell zur Hand. 66 schüler- und handlungsorientierte Unterrichtsmethoden. 1.Aufl. Ernst Klett Verlag, Leipzig 2005. S. 74.

5. Verlaufsplanung

Unterrichtsskizze

Fach:	Klasse:	Datum:	Zeit:	Thema der Sitzung	Name der Lehrperson:
Geschichte	11	03.06.15	7.40	Das Scheitern der Weimarer Republik – warum versagte die erste deutsche Demokratie?	

Lernziele:

- Vertiefen der Kenntnisse für die Interpretation von Karikaturen.
- SuS. können die zwei Gründe „antidemokratische Gesellschaft" und „Weltwirtschaftskrise" für das Scheitern der Weimarer Republik nennen. Sie können die Einflüsse auf das Scheitern nennen und gewichten.
- Sie sind in der Lage sich durch die Gewichtung der Gründe ein differenziertes Urteil zu bilden.

Verlaufsplanung:

Zeit	Unterrichts-Phase	Lehrer-/ Schülerinteraktionen	Sozialform	Medien	Bemerkungen
7.40-7.45	Begrüßung, Einführung und Konfrontation	Die Lehrperson (L.) betritt die Klasse und begrüßt die Klasse mit dem Begrüßungsritual. Die Karikatur wird auf den OHP gelegt und	Impuls gesteuertes Lehrer-Schüler-Gespräch	OHP Tafel	Das Begrüßungsritual wird seit Anfang des Schuljahres praktiziert. Die SuS. vertiefen ihre Kenntnisse für die Interpretation von

Zeit	Phase	Verlauf	Methode	Medien	Lernziele
		die SuS. … • betrachten die Karikatur • beschreiben die Darstellung • versuchen die Aussage der Karikatur herauszufinden. • nehmen persönlich dazu Stellung und Begründen ihre Position Das Thema und die Leitfrage werden an der Tafel festgehalten.			Karikaturen. Sie sind in der Lage Stellung zu nehmen. Festhalten des Themas und Formulierung der Leitfrage des Unterrichts.
7.45-8.00	Erarbeitung	Die SuS. erhalten ein Arbeitsblatt und werden in dreigliedrige Gruppen mit jeweils einer Kontrollgruppe eingeteilt. Hierbei wird der Einfluss der antidemokratischen Gesellschaft und der Weltwirtschaftskrise auf das Scheitern der Weimarer Republik betrachtet.	Gruppenarbeit	Arbeitsblatt	Die SuS. … • können die zwei Gründe „antidemokratische Gesellschaft" und „Weltwirtschaftskrise" für das Scheitern der WR nennen. • können die Einflüsse erklären und gewichten.
8.00-8.15	Vorstellung des Erarbeiteten	Die SuS. fassen den Stoff aus der Erarbeitungsphase zusammen.	Impuls gesteuertes und zusammen-		Die SuS. sollen merken, dass ihre Arbeit wichtig ist. Durch erörterndes Unterrichtsgespräch geben die SuS. ihre Ergebnisse

Zeit	Phase	Verlauf	Sozialform	Medien	Lernziel / Kommentar
			tragendes Lehrer-Schüler-Gespräch		preis.
8.15–8.25	Urteilsbildung und Ergebnissicherung	Die SuS. gewichten die erarbeiteten Gründe für das Scheitern der WR. Das Tafelbild wird schon vor dem Unterricht auf Metaplanwand gehängt. Nun wird es aufgedeckt. Die SuS. bekommen jeweils drei rote Punkte und müssen ihre Gewichtung abgeben. Nach der Punktevergabe fragt die L. einige Schüler (zeitliche Gründe), weshalb sie sich für die bestimmten Punkte entschieden haben.	Lehrer-Schüler-Gespräch	Metaplanwand	Die SuS. sind in der Lage sich durch die Gewichtung der Gründe ein differenziertes Urteil zu bilden. Schlussfrage: Hat die Weimarer Republik (Demokratie) versagt?
Puffer	Urteilsbildung und Gegenwartsbezug	Die SuS. sollen zu den genannten Gründen an der Tafel ein Bezug zu heute ziehen und sich überlegen, wie es heute in der Bundesrepublik Deutschland ist. Frage: Welche Lehren haben wir aus dem „Versagen" der Weimarer Republik gezogen?	Lehrer-Schüler-Gespräch		Die SuS. können beurteilen, welche Lehren die Bundesrepublik Deutschland aus dem Scheitern der ersten deutschen Demokratie gezogen hat.

6. Literaturverzeichnis

- Bildungsplan 2004. Allgemein bildendes Gymnasium. URL: http://www.bildung-staerkt-menschen.de/service/downloads/Bildungsplaene/Gymnasium/Gymnasium_Bildungsplan_Gesamt.pdf, zuletzt aufgerufen am 06.08.2015, 13.47. S. 227.

- Hugenschmidt/ Technau: Methoden schnell zur Hand. 66 schüler- und handlungsorientierte Unterrichtsmethoden. 1.Aufl. Ernst Klett Verlag, Leipzig 2005.

- Kochendörfer (Hrsg.): Geschichte und Geschehen. Berufliche Gymnasien.1.Aufl. Ernst Klett Verlag, Stuttgart 2008. S. 102-124.

- Kostka/ Köster: Kompetent unterrichten. Ein Praxisbuch für das Referendariat. 1.Aufl. Ernst Klett Verlag, Leipzig 2005.

- Kursbuch Geschichte. Oberstufe Baden-Württemberg. 1. Aufl. Cornelsen Verlag, Berlin 2002. S. 192-236.

- Mickel/ Wiegand (Hrsg.): Geschichte, Politik und Gesellschaft. Lern- und Arbeitsbuch für Geschichte in der gymnasialen Oberstufe, Band 1. 3.Aufl. Cornelsen Verlag, Berlin 1988. S. 258-312.

- Rosenberg: Entstehung der Weimarer Republik. 17.Aufl. Europäische Verlagsanstalt, Frankfurt am Main 1977.

7. Anhang

„Sie tragen die Buchstaben der Firma - aber wer trägt den Geist?"

Thomas Theodor Heine, Karikatur aus dem „Simplicissimus" von 1927.

Abb.1.: Karikatur. Kursbuch Geschichte. Oberstufe Baden Württemberg. S. 192.

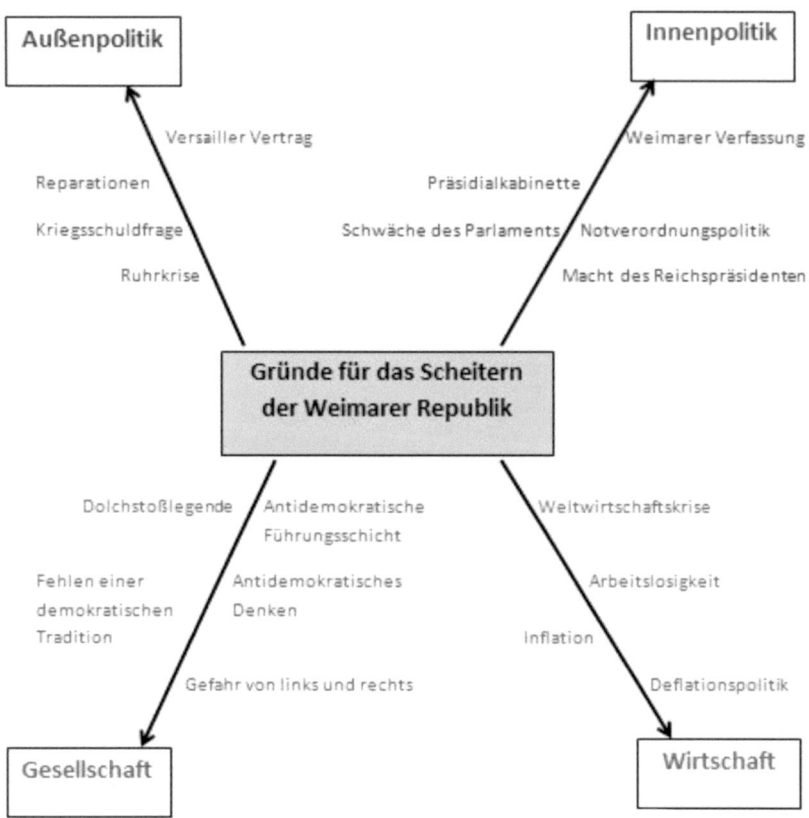

Abb. 2.: Sachanalyse in einer Grafik dargestellt.

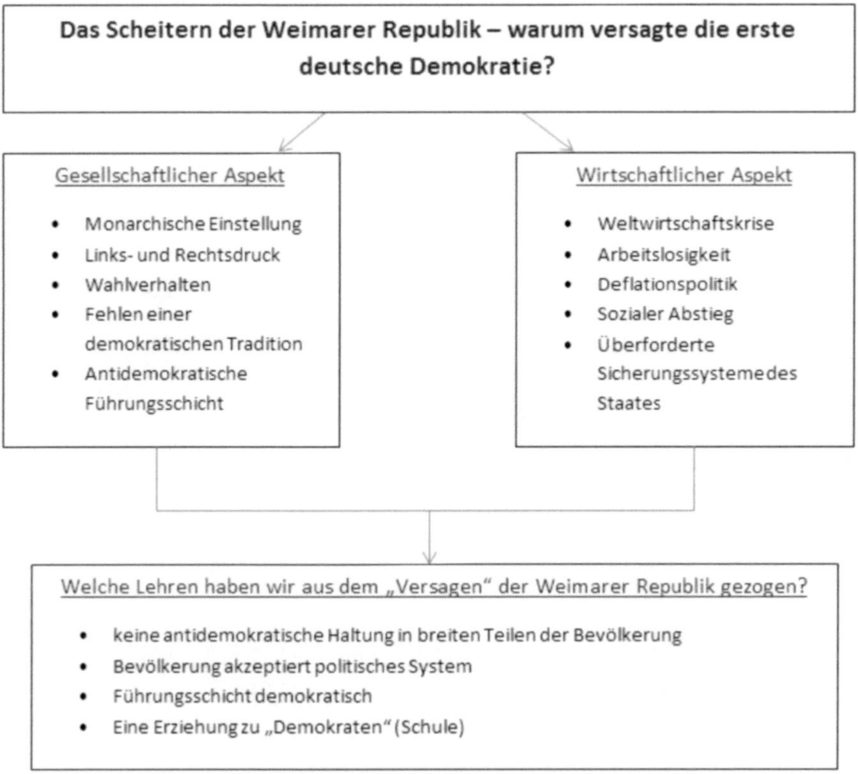

Das Scheitern der Weimarer Republik – warum versagte die erste deutsche Demokratie?

Gesellschaftlicher Aspekt

- Monarchische Einstellung
- Links- und Rechtsdruck
- Wahlverhalten
- Fehlen einer demokratischen Tradition
- Antidemokratische Führungsschicht

Wirtschaftlicher Aspekt

- Weltwirtschaftskrise
- Arbeitslosigkeit
- Deflationspolitik
- Sozialer Abstieg
- Überforderte Sicherungssysteme des Staates

Welche Lehren haben wir aus dem „Versagen" der Weimarer Republik gezogen?

- keine antidemokratische Haltung in breiten Teilen der Bevölkerung
- Bevölkerung akzeptiert politisches System
- Führungsschicht demokratisch
- Eine Erziehung zu „Demokraten" (Schule)

Abb. 3.: Tafelaufschrieb vorbereitet für die Metaplanwand.

13